This Book Belongs To

_ _ _ _ _ _ _ _ _ _ _ _ _ _ _ _ _

_ _ _ _ _ _ _ _ _ _ _ _ _ _ _ _ _

_ _ _ _ _ _ _ _ _ _ _ _ _ _ _ _ _

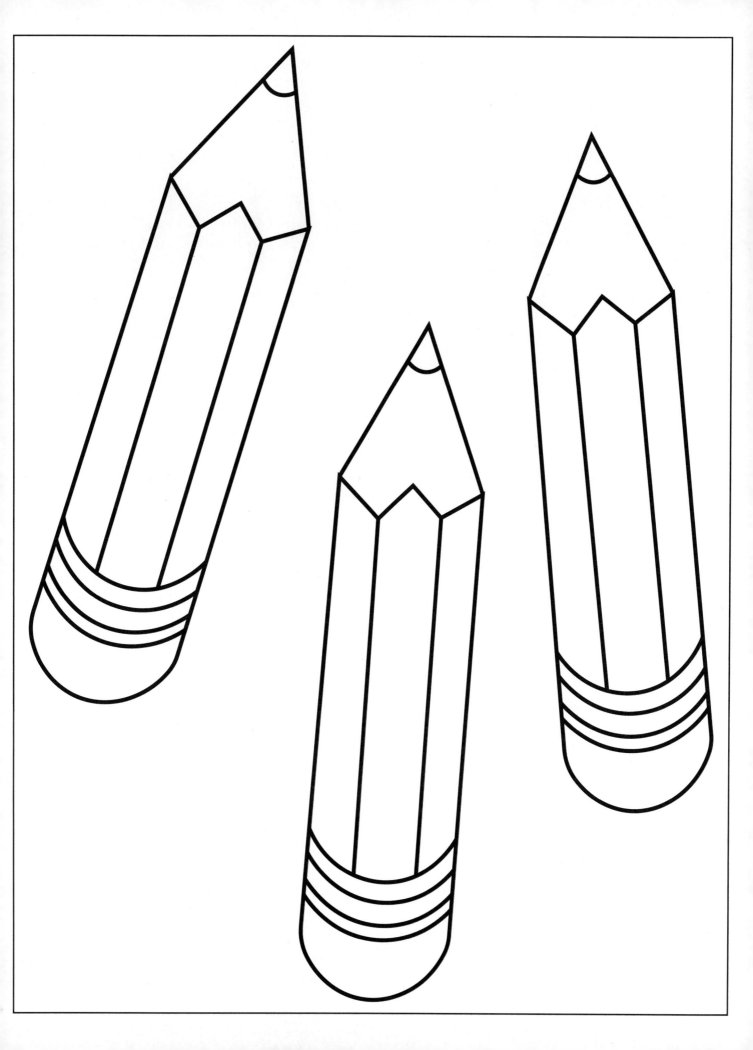

Made in the USA
Thornton, CO
04/11/23 16:00:21

640a4f52-1a1c-483b-b125-6537813621f5R03